역자 _ 박은진

부산대학교에서 심리학과 불어불문학을 공부했다. 오랜 기간 입시 영어를 가르치다가 글밥 아카데미를 수료하고 현재 바른번역 소속 번역가로 활동하고 있다. 옮긴 책으로 〈초등학생이 꼭 알아야 할 우주에서 본 지구〉, 〈나무 같은 사람이 되고 싶다〉, 〈산만한 건 설탕을 먹어서 그래〉, 〈나의 첫 번째 지구 이야기〉, 〈나의 첫 번째 공룡 이야기〉, 〈나의 첫 번째 바다 생물 이야기〉 등이 있다.

Copyright © 2025 Igloo Books Ltd
All rights reserved, including the right of reproduction
in whole or in part in any form.
bonnierbooks.co.uk

이 책은 저작권자와의 독점계약으로 애플트리태일즈에서 출간되었습니다.
저작권법에 의해 한국 내에서 보호를 받는 저작물이므로 무단전재와 복제를 금합니다.

숨고, 막고, 살아남아라!

처음 펴낸날 2025년 10월 28일 | 지은이 캐스 아드 | 그린이 마이크 러브
옮긴이 박은진 | 펴낸이 김옥희 | 펴낸곳 애플트리태일즈 | 출판등록 (제16-3393호)
주소 서울시 강남구 테헤란로 201(아주빌딩), 501호 (우)06141 | 전화 (02)557-2031
팩스 (02)557-2032 | 홈페이지 www.appletreetales.com | 블로그 http://blog.naver.com/appletales
페이스북 https://www.facebook.com/appletales | 트위터 https://twitter.com/appletales1
인스타그램 @appletreetales, @애플트리태일즈
가격 17,500원 | ISBN 979-11-92058-60-3 (73400)

어린이제품 안전특별법에 의한 기타 표시사항
품명 : 도서 | 제조 연월 : 2025년 10월 | 제조자명 : 애플트리태일즈 | 제조국 : 대한민국 | 사용연령 : 7세 이상
주소 : 서울시 강남구 테헤란로 201, 5층(02-557-2031)

차례

들어가기
생존의 비밀, 방어 4

사람이 만든 방어술
성 6
갑옷과 방패 8
비밀번호, 자물쇠, 열쇠 10
성벽과 방벽 12
사람과 자연 14
놀라운 약 16

내 몸의 방어
비상, 침입자다! 18
반격하라! 19
병균 몰아내기 20
튼튼한 몸 만들기 21
핏빛 전투 22
몸의 갑옷 24
위험 알아채기 26

동물의 방어
생존 게임 28
악취, 독침, 토사물 30
무기와 갑옷 32
치명적인 뿔투구 34
변장과 속임수 36
탈출 대작전 38
꼭꼭 숨어라, 집으로! 40

식물의 방어
식물의 방어 무기 42
영리한 생존 꼼수 44
초강력 식물들 46

찾아보기 48

생존의 비밀, 방어

지구 어디에서든 지금 이 순간에도 동물과 식물, 사람들 모두가 살아남기 위해서 눈이 휘둥그레지고 입이 떡 벌어지는 방법들을 끊임없이 만들어 내고 있어요.

누구에게 방어가 필요할까요?

살아 있는 생명체라면 누구나 자기 몸은 자기가 지킬 준비가 되어 있어요. 작디작은 세균부터 뾰족한 가시로 무장한 식물들, 머리를 써서 튼튼한 집을 짓는 사람들까지, 모든 생명체는 저마다 방어 기술을 터득해야 한답니다. 안 그러면 싸움에서 지는 그 순간, 모든 게 영영 끝나 버리거든요.

방어란?

방어란 공격을 막아 내고 내 몸을 안전하게 지키는 거예요. 먹잇감을 노리고 달려드는 재규어의 날카로운 이빨이든, 거세게 휘몰아칠 치명적인 눈보라든, 공격은 어떤 모습으로든 불쑥 들이닥치니까요.

환경이 다르면 방어 전략도 달라요!

생물들은 저마다 사는 환경에 꼭 맞게 적응해 왔고, 각자의 터전에서 맞닥뜨릴 위험에 대비해 자신만의 방어 기술을 마련해요. 맞춤형 방어 전략이지요.

미어캣처럼 탁 트인 곳에서 먹이를 찾는 동물들은 무리를 지어 똘똘 뭉쳐 살아요. 그러면 주변을 살피는 눈과 귀가 많아져 위험을 금세 알아차릴 수 있거든요.

방어 기술은 진화 중!

모든 생명체는 수억 년 동안 진화를 거듭해 왔어요. 그래야 살아남을 가능성을 높일 수 있었거든요.

예를 들어 오늘날 우리가 아는 거북이는 2억 6천만 년 전에는 세상에 아직 등장하지 않았어요. 그 무렵에는 갈비뼈가 넓적하고 몸집이 통통한 도마뱀들이 살고 있었지요. 이후 수백만 년에 걸쳐 도마뱀의 뼈들이 이어지고 합쳐져 마침내 온몸을 감싸는 등껍질이 되었어요. 이 등껍질은 포식자들로부터 거북이를 지켜 주는 든든한 갑옷이 되었답니다.

방어 기술 대방출!

꼭꼭 숨기

주변 환경을 이용해 쏙 숨어 버리면 포식자의 눈에 쉽게 띄지 않아 안전하답니다. 척박하고 메마른 땅에 사는 동식물들은 숨바꼭질의 달인이에요. 사방이 훤히 드러난 곳에서 몸을 숨기려고 위장을 하거든요.

정신 바짝 차리기

야생에서 살아남으려면 크고 작은 위험에 예민해야 해요. 밤에 혼자 먹이를 찾아다니는 동물들은 웬만한 번개는 저리 가라 할 속도로 반응하고, 코앞에 닥친 위험도 재빨리 감지한답니다.

감쪽같이 속이기

더 빠르고 더 크고 힘센 녀석이 쫓아온다고요? 그럴 땐 정면승부 대신 꾀를 내야 해요. 죽은 척하거나 훨씬 맛없어 보이는 다른 생물로 둔갑하면 효과 만점이랍니다!

맞서 싸우기

자연 속 동물의 왕국 곳곳에는 용맹한 전사들이 가득해요. 사람들은 칼과 방패를 만들어 냈지만 동물들은 독침, 날카로운 발톱 같은 신체의 일부분을 무기로 써서 목숨 걸고 싸워야 해요.

보호하기

사람은 몸이 갑옷의 형태로 진화하진 않았지만, 놀라운 두뇌가 있지요. 쉴 새 없이 배우고 늘 새로운 것을 발명하는 두뇌 덕분에 우리는 자신을 지켜 낼 똑똑한 방법을 찾아냈고 비바람이나 야생동물, 자연재해에도 끄떡없는 집을 지었지요.

우리 보금자리는 시간이 갈수록 튼튼하고 안전해졌답니다.

도망치기

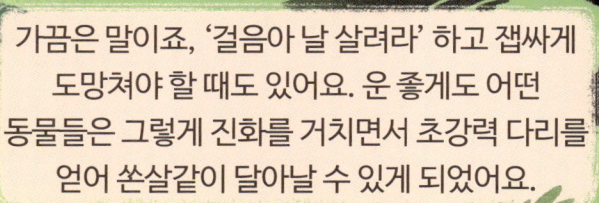

가끔은 말이죠, '걸음아 날 살려라' 하고 잽싸게 도망쳐야 할 때도 있어요. 운 좋게도 어떤 동물들은 그렇게 진화를 거치면서 초강력 다리를 얻어 쏜살같이 달아날 수 있게 되었어요.

성

중세 시대에는 부와 권력을 손에 쥔 사람이라면 늘 공격 대상이 되었어요. 걸핏하면 외국 군대가 쳐들어오고, 탐욕스러운 영주들이 재산을 노리고 들이닥쳤지요. 군사들과 사람들은 마음 놓고 지낼 곳이 필요했어요. 그래서 성을 쌓기 시작했답니다.

11세기 모트 앤 베일리 성

최초의 성은 약 천 년 전에 지어졌어요. 높다란 울타리 안쪽에는 흙을 쌓아 만든 '모트'라는 언덕이 있었고, 꼭대기에 안전한 '주탑'이 우뚝 서 있었어요. 나무로 만든 성은 금세 뚝딱 지어 올릴 수 있었지만 적군이 불을 지르면 홀랑 타 버렸어요!

12세기 석조 성

돌로 만든 최초의 성은 두꺼운 성벽과 뾰족하게 솟은 탑들로 둘러싸여 있었어요. 돌은 값이 비싸고 다루기도 힘들어서 성 하나를 완성하는 데 10년이나 걸리기도 했지요! 그래도 돌을 층층이 쌓아 올린 성이 훨씬 안전하고 튼튼했답니다.

13세기 동심 성

시간이 흐르면서 적들이 쓰는 무기는 갈수록 강력해졌어요. 그러니 성을 점점 더 크게, 더 높게, 더 견고하게 지어야 했지요. 적들이 감히 얼씬도 못 하게 하려면 말이에요!

성벽
두꺼운 성벽이 두 겹으로 성을 에워싸고 있었어요. 바깥쪽 성벽은 두께가 무려 7미터였지요. 벽돌 70장을 나란히 이어 붙인 것만큼 어마어마한 두께였답니다!

해자
성 주위를 깊게 파서 물을 가득 채우거나 날카로운 말뚝을 빽빽이 박아 둔 것을 해자라고 했어요. 성 사람들이 쓰던 화장실에서 나온 오물까지 해자로 흘려보냈고요. 적들이 해자를 건너는 게 한층 더 끔찍하도록 말이죠.

석락
성벽 윗부분에는 발코니처럼 밖으로 툭 튀어나온 '석락'이라는 발판이 있었어요. 이곳에서 적의 머리 위로 돌멩이나 온갖 더러운 것들을 와르르 쏟아 부었답니다!

위치

강가나 절벽 위, 언덕 꼭대기에 성을 지으면 적들이 커다란 무기를 끌고 오기 힘들었어요. 게다가 성벽을 넘으려고 비탈진 땅에 세운 사다리가 자꾸 휘청거려 아슬아슬했답니다!

주탑

이 탑은 성에서 가장 튼튼하고도 안전한 곳이었어요. 적이 방어막을 모조리 뚫고 성안으로 쳐들어 오면, 사람들이 몸을 숨길 수 있는 마지막 장소였어요.

나선형 계단

적들이 가까스로 탑까지 들어왔다고 해도, 거기서 끝이 아니었어요. 탑을 오르려면, 발을 헛디며 넘어지도록 만든 비좁은 계단을 빙글빙글 타고 올라야 했지요.

화살 구멍

병사들은 성벽 뒤에 숨어서 십자 모양의 좁다란 구멍 사이로 화살을 쏘았지요.

도개교

성문 앞 해자 위에는 다리가 놓여 있었어요. 이 다리는 적들이 성문에 다가오지 못하도록 쑥 들어 올릴 수 있었지요.

내리닫이 창살문

나무와 쇠로 만든 이 묵직한 창살문은 적이 몰려올 때 쿵! 내려와 성 입구를 막아 버렸어요.

성가퀴

성벽 위에는 병사들이 몸을 숨긴 채 적에게 화살을 쏠 수 있는 안전한 통로가 있었어요.

으악, 이런 일이!

돌멩이, 뜨겁게 달군 모래, 펄펄 끓는 물이나 기름, 짐승의 똥, 심지어 시체까지 적군의 머리 위로 떨어뜨렸답니다!

성의 방어물들

갑옷과 방패

전투 준비! 역사를 통틀어 사람들은 늘 전투에서 튼튼한 옷으로 몸을 보호했어요. 무기가 바뀌면 갑옷도 덩달아 바뀌었어요.

최초의 전사

수천 년 전, 전사들은 짐승의 가죽을 입고 몸을 보호했어요. 털 달린 가죽은 몽둥이와 창의 공격을 막아 주었지요.

고대 그리스 병사

고대 그리스 병사들은 몸통과 팔, 다리에 청동 갑옷을 걸쳤어요. 청동 투구는 눈, 코, 입만 빼고 머리를 꽁꽁 가려 주었답니다.

방패 모양

강력한 방패는 병사에게 도끼, 화살, 창을 막아 내는 최고의 방어 수단이었어요. 방패는 크기도 모양도 참 다양했답니다.

로마 병사

로마 병사들은 단단한 철판으로 갑옷을 만들었어요. 철판은 가죽끈으로 이어져 있었지요.

바이킹

중세 초 무렵에는 병사들이 수천 개의 작은 쇠고리를 엮어 만든 사슬 갑옷을 입었어요.

로마 병사들은 방패를 맞물리게 겹쳐 들고 '거북 진형'을 만들었어요. 그러면 머리 위에서 쏟아지는 공격에도 끄떡없었거든요.

중세 기사

유럽에서는 16세기에 이르러 말을 탄 전사인 '기사'들이 머리부터 발끝까지 온몸을 덮는 철갑옷을 입었어요. 기사가 타는 말까지 철갑으로 단단히 무장했답니다.

머리 보호
철로 만든 투구는 얼굴 전체를 완전히 가려 줬어요. 전투를 하지 않을 때는 경첩을 달아 투구의 앞부분을 열 수 있었지요.

관절은 자유롭게
철판 조각을 이어 붙여 만들었기 때문에 기사는 무릎, 손가락, 팔꿈치, 발가락을 자유롭게 움직일 수 있었어요.

값비싼 갑옷 세트
기사는 자기 돈으로 갑옷을 장만해야 했어요. 갑옷을 빌려 입거나, 기사들끼리 겨루는 시합에서 상대를 쓰러뜨려 갑옷을 손에 넣을 수도 있었지요. 또 값싼 가죽 갑옷을 사기도 했어요. 가죽을 끓는 밀랍이나 기름에 푹 담가 단단하게 만들었답니다.

무거운 갑옷
갑옷 한 벌은 25킬로그램이나 됐어요. 2리터짜리 물병 열 병을 걸치는 느낌이지요. 갑옷을 입을 때는 다른 사람의 도움이 필요했지만, 다 입고 나면 혼자서도 거뜬히 움직이고 말에도 폴짝 올라탈 수 있었답니다!

최신 보호 장비
오늘날에도 경찰과 군인들은 현대식 갑옷인 방탄복을 입어요. 요즘은 강하면서도 가벼운 케블라라는 소재로 만들지요. 방탄조끼, 얼굴 가리개, 투명 방패도 있답니다.

물론, 군견과 경찰견도 방탄복을 근사하게 갖춰 입어요.

으악, 이런 일이!
철갑옷은 안이 숨 막히게 뜨거워서 열사병으로 쓰러져 목숨을 잃는 기사들도 있었답니다!

사람이 만든 방어술

비밀번호, 자물쇠, 열쇠

자물쇠와 열쇠는 집이나 상점, 창고, 궁전을 지키고, 보물을 안전하게 보관하려고 발명된 거예요. 이제는 뭐든지 꽁꽁 잠가 버릴 수 있지요. 비밀 일기장은 물론, 스마트폰까지도요!

도둑들
열쇠 모양은 갈수록 근사해졌지만, 정작 자물쇠는 허술했어요. 도둑이 마음만 먹으면 쉽게 열 수 있을 정도였지요. 그래서 가짜 열쇠 구멍을 파 놓고, 진짜 구멍은 미닫이 판이나 장식물 뒤에 슬쩍 감췄답니다.

고대의 자물쇠
자물쇠는 4천 년도 훨씬 전에 발명되어, 고대 이집트를 비롯한 여러 문명에서 사용되었어요. 열쇠는 자물쇠 안에 열쇠 모양과 꼭 맞는 핀들을 들어 올려 빗장이 뒤로 밀리게 했지요. 그리고 문에는 팔을 쑥 집어넣는 구멍이 있어 문을 안팎에서 열 수 있었답니다.

열쇠로 뽐내는 성공
13세기부터 부자들은 자물쇠 장인에게 자기 집과 성을 지켜 줄 자물쇠를 주문했어요. 그러고는 화려한 열쇠를 늘 몸에 지니고 다니면서 자신이 얼마나 대단한 사람인지 자랑했지요.

로마의 열쇠 반지
로마의 자물쇠 장인들은 보석함이나 귀중품 상자를 잠그는 아주 작은 금속 자물쇠를 만들었어요. 열쇠는 반지처럼 손가락에 끼고 다녔지요. 그래서 부자 로마인들은 열쇠도 간편하게 지니면서, 부유함도 뽐낼 수 있었답니다!

예일의 자물쇠
1848년, 미국의 기술자 라이너스 예일은 오늘날에도 사용하는 '핀 텀블러 자물쇠'를 개발했어요. 납작한 열쇠 가장자리에 난 들쭉날쭉한 톱니 모양이 자물쇠 속 핀을 꾹 눌러 주면, 자물쇠가 열린답니다.

자물쇠 따기

1784년, 영국의 발명가이자 자물쇠 장인 조지프 브라마는 '절대 못 따는' 안전 자물쇠를 만들어 냈어요. 그는 엄청난 상금을 내걸고, 자물쇠를 딸 도전자를 기다렸지요. 자물쇠를 열 수 있는 사람이 나타나기까지 꼬박 67년이 걸렸지 뭐예요!

기발한 자물쇠

1818년, 영국 사람 제레미아 처브는 특별한 자물쇠를 발명했어요. 이 자물쇠는 도둑이 따려고 하거나 엉뚱한 열쇠가 들어오면 딱 걸려서 잠겨 버린답니다.

스마트 시대의 자물쇠

요즘 호텔이나 가게에서는 카드키나 비밀번호로 문을 여닫아요. 스마트폰으로도 문을 잠그고 열지요. 그뿐인가요? 지문이나 얼굴, 목소리를 알아보는 자물쇠도 점점 늘어나고 있답니다. 머지않아 금속 열쇠는 역사 속으로 사라질지도 몰라요!

사람이 만든 방어술

철통 보안 금고

은행 금고는 귀중품을 지키는 최고의 방법이에요. 방만 한 크기의 거대한 금고방에는 도둑을 막기 위한 장치들이 잔뜩 있답니다.

- 두꺼운 콘크리트 벽
- 1미터 두께의 문
- 감시 카메라
- 소리, 열, 움직임을 잡아내는 탐지기
- 두 사람이 함께 열어야만 하는 이중 잠금장치
- 문을 부수거나 억지로 열면 자동으로 걸리는 보조 빗장
- 문을 뜯거나 자물쇠를 망가뜨리면 경찰에 바로 알리는 내장 경보 장치

으악, 이런 일이!
도둑이 들어오면 뜨거운 수증기나 눈물을 쏟게 하는 최루 가스를 내뿜었어요.

성벽과 방벽

수천 년 동안 길고 높고 튼튼한 방어벽은 땅, 도시, 사람들을 지키는 매우 뛰어난 방어 수단이었어요. 방어벽을 쌓으려면 엄청난 시간과 돈, 고된 노동이 필요했답니다!

왜 지었을까요?

만리장성은 중국을 침략하는 부족들을 막으려고 국경에 쌓은 방벽이에요. 벽을 따라 우뚝 솟은 망루는 적을 살피는 곳으로, 이곳에 병사들이 머무르며 식량과 무기도 보관했지요. 또한 연기나 깃발로 방벽을 따라 메시지를 보냈답니다.

만리장성

지어진 시기 : 기원전 770년부터 1878년까지
위치 : 중국 북쪽

세상에서 제일 길고 거대한 방어벽이 바로 만리장성이에요. 무려 2,700년 전부터 쌓기 시작해서, 수많은 중국 황제들이 오랜 세월에 걸쳐 조금씩 계속 쌓으며 완성했답니다.

예리코 성벽

지어진 시기 : 기원전 8000년
위치 : 중동의 서안지구

예리코라는 도시를 둘러싼 성벽으로, 세계에서 가장 오래된 성벽이에요. 고고학자들은 이 성벽이 적이 아니라 홍수를 막기 위해 지어졌다고 해요.

하드리아누스 방벽

지어진 시기 : 122년
위치 : 영국 북쪽

무려 15,000명의 로마 병사들이 약 6년에 걸쳐 117킬로미터나 되는 긴 벽을 완성했어요. 로마 제국을 지켜 주는 든든한 방패였지요.

무엇으로 지었을까요?
당시에는 굴착기나 트럭이 없었기 때문에 그 지역에서 구할 수 있는 재료로 지었어요. 벽돌을 굽거나 큰 돌을 잘라 썼지요. 그마저도 없으면 흙이나 나무를 이용했답니다.

우와, 이런 일이!
만리장성에는 비밀 재료가 들어갔어요. 바로 찹쌀이에요! 찹쌀에 석회와 물을 섞어 만든 끈끈한 풀로 벽돌과 돌을 서로 단단히 붙였답니다.

누가 지었을까요?
온 나라에서 수십만 명의 병사와 일꾼들이 강제로 끌려왔어요. 죄를 지은 사람들도 형벌로 만리장성을 쌓아야 했지요.

얼마나 길까요?
전체 길이는 21,196킬로미터예요. 만리장성은 한줄로 쭉 이어진 벽이 아니에요. 주변을 빙 둘러싼 벽, 나란히 늘어선 벽, 중심 벽에서 가지처럼 갈라져 나온 벽들로 이루어져 있지요.

삭사이와만 성벽
지어진 시기 : 1438~1471년

위치 : 페루 쿠스코

잉카 제국의 수도를 지키는 성벽이에요. 엄청나게 큰 바위들을 퍼즐처럼 서로 맞물리게 쌓아 올렸답니다. 전설에 따르면, 퓨마 머리처럼 보이게 하려고 지그재그 모양으로 지었다고 해요.

고르간 장성
지어진 시기 : 420 ~ 530년

위치 : 이란 북쪽

주변에는 나무도 없고 돌도 없어서, 구워 낸 벽돌 2억 장을 차곡차곡 쌓아 올려 만들었어요. 이 방벽은 붉은 벽돌 때문에 '붉은 뱀'이라고 불렸어요.

메헤랑가르 요새
지어진 시기 : 1459년쯤 시작

위치 : 인도 라자스탄

이 요새 성벽은 가장 높은 구간이 36미터, 가장 두꺼운 구간은 21미터에 이르지요. 그러니까 높이는 12층짜리 건물만큼, 두께는 자동차 3대가 나란히 달리는 도로만큼 된답니다.

사람과 자연

자연재해는 옛날부터 늘 있었지만, 오늘날 지구의 기후가 변하면서 날씨가 점점 거칠고 무섭게 바뀌고 있어요. 다행히도 탄탄한 건물과 똑똑한 방어 장치가 우리를 안전하게 지켜준답니다.

자연의 반격

해마다 약 50개에서 70개의 화산이 폭발해요. 지구의 껍질인 지각에 생긴 틈 때문이지요.

해마다 전 세계에서는 무려 150개의 허리케인이 발생해요. 바람의 속도는 시속 119킬로미터 이상이고요.

쓰나미는 바닷속에서 화산이 폭발하거나 지진이 일어날 때 생기는 거대한 파도예요. 대부분 태평양에서 발생하지요.

폭우가 몰아치고 바닷물이 차오르면, 낮은 땅은 순식간에 물바다가 돼요.

시속 100킬로미터가 넘는 무시무시한 토네이도는 주로 미국에서 관측돼요.

날마다 전 세계에서는 약 55번의 지진이 일어나요. 1년이면 2만 번이나 된답니다!

산불은 단숨에 번져 나가, 도망쳐도 탈출하기 어려워요.

자연의 방어막

자연은 홍수에 맞서는 자기만의 방어 수단을 갖추고 있어요. 우리가 자연을 보호하면, 자연도 우리를 보호해 주지요. 예를 들어 모래언덕, 습지, 굴 서식지, 맹그로브 숲은 거센 파도가 덮쳐 오거나 바닷물이 높이 차올라 밀려들어도 우리를 지켜 주는 든든한 방어막이 된답니다.

놀라운 약

우리 몸은 스스로 회복하는 능력이 뛰어나요. 약이 발명되면서 의사들이 병을 물리치는 약을 처방해 준 덕분에 우리는 더 빨리 건강을 되찾게 되었어요.

약은 먹는 방법이 참 다양해요! 물약은 숟가락에 따라 먹거나 입에 쭉 짜서 먹지요.

또 알약이나 캡슐은 물과 함께 꿀꺽 삼키면 된답니다.

진통제

통증은 몸 어딘가에 문제가 있다는 걸 알려 주는 경고 체계예요. 신경을 따라 뇌로 신호가 전달될 때 통증을 느껴요.

진통제는 다치거나 자극받은 부위에서 생긴 통증 신호가 뇌로 전달되는 길을 막아, 몸이 낫는 동안 그렇게 심한 통증을 느끼지 못한답니다.

약은 다양한 방식으로 작용해요

- 어떤 약은 몸속에 침입한 병균을 죽이거나 병균이 퍼지지 못하게 막아서 병을 치료해요.

- 또 어떤 약은 병을 고치지는 못하고 증상만 가라앉혀요. 천식 흡입기로 들이마시는 약이 그렇지요.

- 어떤 약은 몸속에 없거나 모자란 걸 채워 줘요. 호르몬이나 비타민 같은 걸 말이죠.

약은 반드시 어른이 챙겨 줘야 해요. 아이 혼자 약을 먹으면 큰일 나요!

우와, 이런 일이!

아주 오래전부터 사람들은 식물과 그 밖의 자연 재료로 온갖 치료법을 만들어 왔어요. 의학은 지금도 계속 발전하고 있답니다.

항생제

항생제는 세균을 죽이거나
세균이 불어나지 못하게 막아요.
그러면 몸의 면역 체계가 감염을
물리칠 수 있답니다.

귀나 치아에 염증이 생기면
항생제를 처방받을 수 있지요.

백신

백신은 예방 접종이라고도 해요.
백신을 맞으면 어떤 전염병은
아예 걸리지도 않지요.
백신은 해마다 세계 곳곳에서
수백만 명의 생명을 구하고 있답니다.

백신은 어떻게 우리 몸을 지킬까요?

기억하기

백혈구는 침입자를 물리치려고 항체를 만들어 내요.
항체를 만드는 방법은 기억 세포에 저장되어
나중에 진짜 병균을 다시 만나도
잽싸게 무찌른답니다.

몸 속이기

백신에는 힘을 잃은 병균이 조금 들어 있어요.
이 백신을 몸에 넣으면, 면역 체계는 침입자가
들어왔다고 착각하지요. 그러고는
진짜 감염이 생긴 것처럼
곧바로 싸울 준비를 한답니다.

평생 지켜 주기

백신을 맞으면 평생 든든한 방어력이 생겨요.
아기부터 어른까지 누구나 꼭 백신을 맞아야
해요. 그러면 홍역, 볼거리, 백일해, 소아마비,
그 밖에도 여러 무서운 질병에 걸리지 않지요.

비상, 침입자다!

눈에 안 보이는 적군이 우리 몸에 쳐들어왔어요! 우리가 먹는 음식, 손으로 만지는 물건, 숨 쉬는 공기에 몰래 숨어 들어오지요. 그래도 걱정 마세요! 몸은 언제나 철통 경계 중이니까요.

병균

우리 몸속과 온 세상에는 '미생물'이라는 작은 생명체들이 수없이 많이 살고 있어요. 너무 작아서 현미경으로만 볼 수 있지요. 어떤 건 도움이 되기도 해요.

하지만 우리를 아프게 만드는 녀석들도 있답니다. 이런 '병균'에는 크게 네 종류가 있어요. 바로 세균, 곰팡이, 바이러스, 원생동물이랍니다.

바이러스 / 원생동물 / 곰팡이 / 박테리아

병균이 몸속에 들어오면, 순식간에 여기저기 퍼지면서 불어나요. 어떤 세균은 눈 깜짝할 사이에 수백만 마리까지 늘어날 수 있답니다.

여기 보세요! 페트리 접시 안에 세균이 잔뜩 불어나는 모습을 들여다본 그림이에요.

세균이나 바이러스는 기침, 감기, 피부 발진, 배탈 같은 온갖 흔한 병이나 감염을 일으킬 수 있지요.

어떻게 병균에 감염될까요?

감염된 사람 근처에서 숨을 쉴 때! 재채기 한 번에도 10만 마리 병균이 뿜어져 나와요.

덜 익었거나 잘못 보관한 음식을 먹을 때!

병균에 감염된 사람이나 병균이 묻어 있는 물건을 만질 때!

반격하라!

감염이 일어나면 몸속에서 치열한 전투가 시작되지요. 춥고 열나고 머리가 아프고 피곤한 증상들은 사실 병균 때문이 아니에요. 병균과 맞서 싸우는 면역 체계가 벌이는 작전 때문이랍니다.

구토

상한 음식이나 해로운 성분이 든 음식을 먹으면, 위가 바로 눈치챈답니다. 위는 그 나쁜 음식을 몸 밖으로 밀어내려고 토하게 한답니다.

내몸의 응원

재채기와 기침

우리 몸은 끈끈한 점액을 만들어 기도와 코를 촉촉하게 유지하고 먼지와 병균을 잡아 둬요. 감기에 걸리면 바이러스를 씻어 내려고 평소보다 점액을 더 많이 만들어 재채기를 하고 코를 풀게 돼요.

폐에서 생긴 점액은 가래라고 해요. 감염이 생기면 병균이 달라붙은 가래를 뱉어 내려고 기침을 해요.

열

열은 면역 체계가 병균과 싸우고 있다는 신호예요. 많은 바이러스가 높은 온도에서 잘 견디지 못하기 때문에 몸이 일부러 체온을 올려 녀석들을 물리치는 거랍니다.

우와, 이런 일이!

몸이 와들와들 떨리면 체온이 올라가요! 근육이 빠르게 조였다 풀렸다 하면서 열을 만들어 내기 때문이지요.

위산

위산은 우리가 삼킨 병균을 싹 없애 버려요. 그럼 위산이 위도 녹이는 거 아니냐고요? 보호 점액이 위를 덮고 있으니 안심하세요!

염증

염증이 생기면 그 자리가 빨갛고 뜨겁고 퉁퉁 부어요. 왜 그럴까요? 다친 부위를 보호하려고 피가 몰려들고 병균과 싸우는 화학 물질도 한꺼번에 모여들기 때문이지요.

물건에 묻은 병균은 짧게는 20분, 길게는 2시간 동안 살아남을 수 있지요.

피부에 상처가 나면 병균이 그 틈으로 쏙 들어온답니다.

몸살

감기나 독감에 걸리면 몸은 면역 체계의 이곳저곳에 경고를 보내는 화학 물질을 내보내요. 바로 이 화학 물질 때문에 온몸이 욱신욱신 쑤시고 아픈 거랍니다.

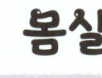

병균 몰아내기

다른 사람 병균이 내게,
내 병균이 다른 사람에게 옮지 않게 막는 방법은
아주 많아요!

몸이 많이 아프다면 병원에 가야 해요. 의사가 무엇이 문제인지 알아내고 약도 챙겨 줄 거예요.

(약 이야기는 16쪽을 살펴보아요!)

손을 따뜻한 물과 비누로 20초 동안 꼼꼼히 씻어요. 화장실에 다녀온 뒤, 밥 먹기 전, 요리하기 전에는 꼭 손을 씻어야 해요.

씻지 않은 손으로 입을 만지거나 눈을 비비면 안 돼요. 그러면 병균이 몸속으로 들어올 수 있거든요.

몸이 아프면 집에서 푹 쉬는 게 좋아요.

꼼짝 마!

아픈 사람과는 거리를 두고 있어야 해요.

재채기나 기침이 나오면 병균이 퍼지지 않게 팔꿈치 안쪽이나 휴지로 코와 입을 가려야 해요.

우와, 이런 일이!

비타민 C는 백혈구를 늘려서 감염과 힘껏 싸우도록 도와줘요. 오렌지, 귤, 자몽 같은 새콤달콤한 감귤류 과일에 비타민 C가 듬뿍 들어 있답니다.

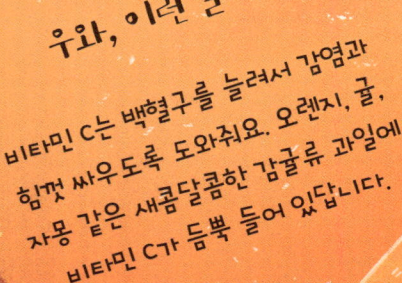

사용한 휴지는 쓰레기통이나 변기에 넣어 버리고, 손을 깨끗이 씻어야 해요.

튼튼한 몸 만들기

면역 체계가 제대로 작동하면 병을 물리치고 빨리 나을 수 있어요. 병균과 싸우는 방어력을 키우는 방법, 지금부터 알려 줄게요.

푹 쉬기

매일 밤 우리가 잠자는 동안, 몸은 에너지를 다시 채우고 회복하지요. 몸이 감염과 싸우고 있을 때는 평소보다 더 오래 푹 자야 얼른 낫는답니다.

물 마시기

하루에 물을 충분히 마셔야 해요. 2리터짜리 큰 생수병 한 통쯤, 그러니까 컵으로 6잔에서 8잔 정도가 적당해요. 이렇게 하면 몸이 병균을 말끔히 씻어 낼 수 있거든요.

잘 먹기

비타민과 미네랄이 풍부한 음식을 먹으면 면역 체계가 튼튼해져요. 특히 신선한 과일과 채소를 많이 먹는 게 무엇보다 중요하지요. 녹색 채소 한 접시에는 면역력을 쑥쑥 키워 주는 비타민이 가득하답니다.

마이크로바이옴

영양가 있는 음식을 골고루 먹으면 장 건강에도 좋아요. 사실 우리 몸에는 셀 수 없이 많은 이로운 세균, 바이러스, 곰팡이가 살고 있는데, 이들을 통틀어 마이크로바이옴이라고 하지요. 대부분이 장에 모여 살면서 음식에서 영양분을 흡수하게 돕고, 해로운 세균이 불어나지 못하게 막는답니다.

도움이 되어요

우와, 이런 일이!

장 속에 있는 마이크로바이옴의 무게는 약 2킬로그램이에요. 식빵 네 덩어리에 맞먹는 무게랍니다!

세포의 이동 경로

백혈구는 우리 몸 구석구석을 돌아다녀요. 조직 사이를 헤치고 다니기도 하고, 수천 킬로미터나 되는 가느다란 혈관을 따라 이동하기도 해요. 혈관은 심장에서 출발해 온몸을 돌고 다시 심장으로 돌아와요.

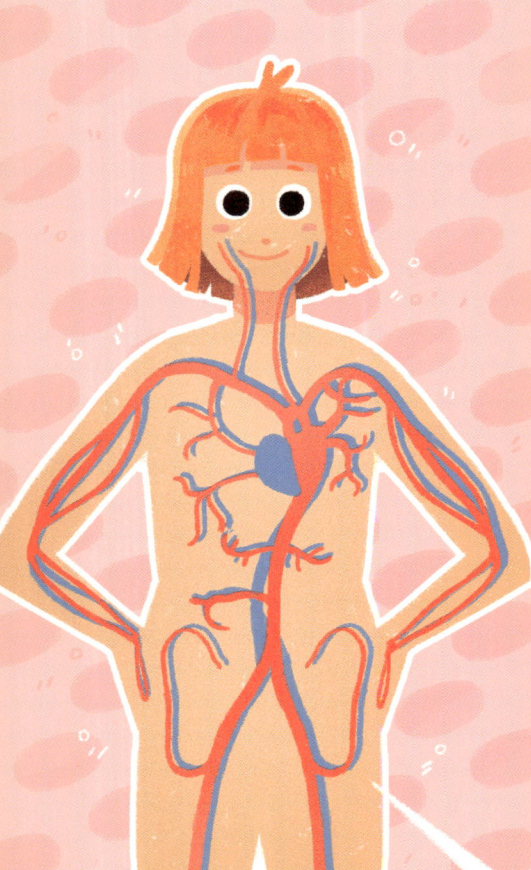

핏빛 전투

자, 모두 출동!

백혈구는 몸에 수십억 개나 있어요. 이들은 질병과 싸우는 병사로, 나쁜 침입자를 찾아내 없애는 임무를 맡고 있지요. 게다가 하루 24시간, 밤낮없이 순찰한답니다.

항체는 병균이 내놓은 독소도 힘을 잃게 해요.

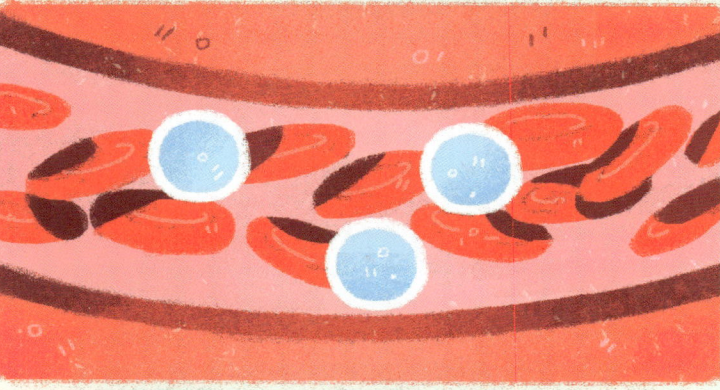

알고 있나요?

백혈구는 피 전체에서 고작 1퍼센트 밖에 안 되지만, 피 한 방울에는 최대 1만 개나 들어 있답니다.

병균이 핏속에 들어오면 감염이 된 거예요.
하지만 우리 몸에는 병균과 싸우는 특수 부대인 면역 체계가 있답니다.

우리 몸속을 돌면서 낯선 세포들을 샅샅이 찾아내지요.

림프구는 항체를 만들어요. 항체는 침입한 병균에 꽉 달라붙어 표시해 두지요. 그러면 다른 백혈구가 침입자를 알아보고 무찔러 버린답니다.

호중구는 세균, 바이러스, 곰팡이가 나타나면 냉큼 달려들어 꿀꺽 삼켜서 소화해 버리지요.

기억 세포는 예전에 몸이 싸웠던 병균을 기억해 두었다가, 똑같은 침입자가 또 들어오면 바로 알아보고 손쉽게 해치워요. 그러면 '면역'이 생긴 거랍니다!

감기나 독감 같은 감염병은 한 번 싸워 없앤다고 끝나지 않아요. 이런 병을 일으키는 바이러스는 종류가 워낙 많기 때문이지요. 특정 바이러스에 걸렸다고 해서 다른 바이러스에 면역이 생기는 건 아니랍니다.

꼭 기억해요!

열이 나는 건 면역 체계가 감염과 한바탕 전투를 벌이고 있다는 뜻이에요. 몸은 병균을 물리치려고 체온을 일부러 올리는 작전을 펼친답니다.

몸의 갑옷

우리 몸은 병균이 들어오지 못하게, 넘어지거나 부딪혀도 다치지 않게 보호받아야 해요. 몸의 영리한 방어 장치를 더 만나 볼까요?

침입자를 막아라!

몸에 난 구멍들은 병균이나 해로운 것들이 들어오는 통로예요. 하지만 얼굴에는 침입자를 막아 내는 방어 장치가 있어요.

눈썹은 이마에서 내려오는 땀이나 물방울을 옆으로 흘려보내고, 먼지도 붙잡아 줘요.

귀지는 귓속이 물에 젖거나 세균에 감염되거나 다치지 않도록 보호해 줘요.

속눈썹은 먼지와 흙이 눈에 들어오지 못하게 막아 주지요.

눈물은 눈에 달라붙은 먼지와 흙을 깨끗이 씻어 내요. 또 눈에는 세균이 자라지 않게 하는 성분도 들어 있지요.

코털과 끈적한 콧물은 병균을 꽉 붙들고 있다가 재채기나 기침을 할 때 몸 밖으로 내보내지요.

침은 세균을 죽이고 충치와 잇몸병이 생기지 않게 해 줘요.

우리는 하루에 약 1.5리터나 되는 침을 만든답니다.

피부

피부는 온몸을 감싸는 말랑말랑한 보호복이에요. 몸속 수분은 빠져나가지 못하게, 병균은 아예 들어오지 못하게 막지요. 피부 위에 있는 피지와 땀에는 세균을 죽이는 산이 들어 있답니다.

피부 속 멜라닌이라는 색소는 태양의 해로운 광선을 막아 주지요.

알고 있나요?

피부 세포는 끊임없이 떨어져 나오는데, 이때 세균도 덩달아 없어져요. 하루에 세포가 5억 개나 우수수 떨어진답니다.

피부에는 상처가 나면 알아서 금세 고쳐 주는 수리 장치가 있어요. 피부가 베이거나 긁히면 곧바로 작동해서 상처를 덮어 버리지요.

혈소판이라는 접시 모양의 세포가 상처 주변의 피를 엉기게 해서 딱지를 만들어요. 고름은 몸이 감염과 싸울 때 만들어지는 노랗고 끈적한 물질로, 백혈구, 죽은 세균, 죽은 피부 세포가 뒤섞여 있어요. 우웩!

뼈

뼈는 몸이 흐물흐물하지 않게 형태를 잡아주고 움직이게 해 줘요. 어떤 뼈들은 몸속 중요한 장기를 감싸는 방패 역할도 하지요.

내 몸의 방어

갈비뼈는 심장과 폐를 보호해요.

척추(등뼈)는 척수를 안전하게 지켜 주지요. 척수는 뇌와 몸이 서로 신호를 주고받게 해 주는 통로예요.

신경과 감각

우리 몸 구석구석에 달린 센서들이 '신경'이라는 길을 따라 신호를 보내요. 이 신경길은 척수라는 신호 고속도로와 연결되어 뇌까지 메시지를 빠르게 전달하지요.

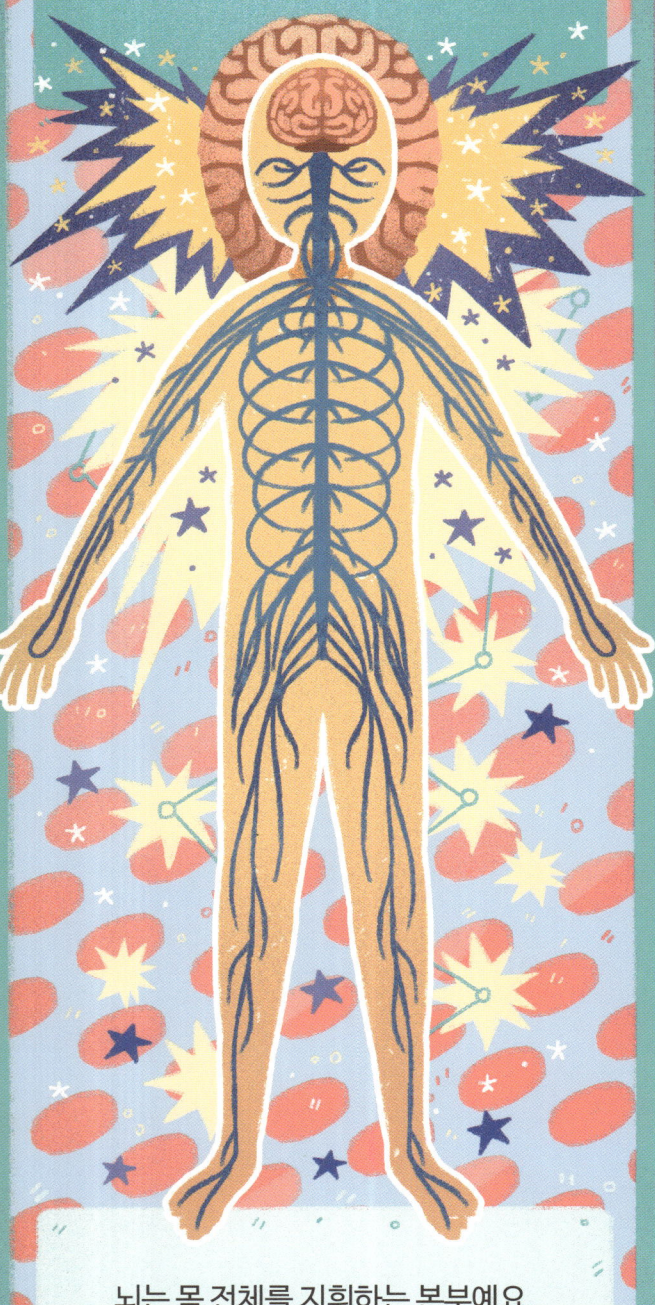

뇌는 몸 전체를 지휘하는 본부예요. 신호를 받아들이고 어떻게 행동할지 재빨리 결정한 다음, 온몸에 명령을 내리지요. 이 모든 일이 눈 깜짝할 사이에 벌어진답니다.

위험 알아채기

길을 건너거나 간식을 먹거나 운동을 하는 등 일상적인 활동도 위험할 수 있어요. 하지만 걱정 마세요! 우리 몸에는 언제든 위험을 막아내는 똑똑한 안전장치들이 있답니다.

시각

눈은 장애물을 피해 어디가 안전한지 알려 줘요. 또 빛이 너무 강하면 눈을 보호하려고 저절로 가늘게 뜨지요.

생존 게임

포식 동물

뱀은 송곳니로, 전갈은 꼬리독침으로 독을 주입해 먹잇감을 마비시키거나 죽이지요.

표범의 점박이 무늬와 색깔은 주변 환경에 섞여 먹잇감의 눈에 띄지 않게 해 줘요.

늑대와 범고래는 우르르 떼 지어 몰려와 먹잇감을 덮쳐요.

최상위 포식자

사자나 호랑이, 곰 같은 맹수는 힘이 워낙 세고 사냥 실력도 탁월한 데다 매우 위협적인 동물이라 다른 동물에게 잡아먹히는 일이 없어요. 이들을 먹이사슬의 끝판왕, 최상위 포식자라고 한답니다.

코뿔소는 두꺼운 피부, 악어는 단단한 비늘 덕분에 온몸을 갑옷으로 무장한 셈이에요.

독수리와 물수리 같은 맹금류는 날 선 갈고리발톱으로 먹잇감을 꽉 틀어쥐어요.

최강 공격수: 암사자

- 힘 ★★★★★
- 스피드 ★★★★☆
- 지구력 ★★★☆☆
- 은밀함 ★★★★☆
- 위험성 ★★★★★

필살기:

위장술
(들키지 않고 몰래 다가가기)

앞을 향한 눈
(먹잇감에 집중)

말랑한 발바닥
(소리 없이 뒤쫓기)

날카로운 발톱
(꽉 움켜쥐기)

뾰족한 이빨과 힘센 턱
(확 물어뜯기)

폭발적인 힘
(달려들어 덮치기)

야생에서 포식자는 배를 채우기 위해 먹이를 끈질기게 뒤쫓아야 하고, 먹힐 수도 있는 동물은 살아남기 위해 힘껏 싸우거나, 재빨리 도망치거나, 꼭꼭 숨어야 해요. 죽느냐 사느냐, 목숨이 걸린 치열한 생존 게임! 자, 누구를 응원할 건가요?

날쌘 수비수: 영양

- 힘 ★★★☆☆
- 스피드 ★★★★☆
- 지구력 ★★★★☆
- 은밀함 ★★☆☆☆
- 위험성 ★★★★☆

필살기:

위장술
(배경에 섞여 눈에 띄지 않기)

옆을 향한 눈
(사방에서 포식자 발견하기)

커다란 귀
(다가오는 포식자 소리 듣기)

뾰족한 뿔
(궁지에 몰리면 반격하기)

예민한 후각
(포식자 냄새 감지하기)

강력한 다리
(날쌔게 달리고 오래 버티기)

먹이가 되는 동물

독화살개구리는 눈부시게 강렬한 색과 무늬로 포식자에게 가까이 오지 말라고 경고해요. 빨간 바탕에 까만 점이 찍힌 무당벌레처럼 말이지요.

얼룩말은 무리를 지어 다녀야 위험을 금방 눈치챌 수 있어요. 또 한꺼번에 우르르 달아나는 바람에 포식자가 혼란에 빠진답니다.

벌과 해파리는 공통점이 하나 있어요. 포식자를 움찔 물러서게 하는 강력한 침이에요. 침에 쏘이면 굉장히 고통스럽거든요.

고슴도치는 삐죽삐죽 튀어나온 가시가 무기이자 방패랍니다.

초식 히어로

코끼리와 코뿔소는 덩치가 어마어마하고 힘도 워낙 세서 감히 덤비는 포식자가 없답니다!

알고 있나요?

먹이가 되는 동물 중에는 풀을 뜯어 먹는 초식 동물이 많아요. 그런데 최상위 포식자는 고기만 먹는 육식 동물밖에 없지요. 풀도 먹고 고기도 먹는 잡식동물은 사냥도 하고 먹잇감이 되기도 해요.

악취, 독침, 토사물

어떤 동물들은 불청객을 쫓아내려고 얄궂은 수법을 쓰고, 역겨운 액체도 뿜어내고, 위험한 무기도 꺼내 들어요.

폭탄먼지벌레는 엄지손톱보다 작아요. 누가 괴롭히면, 엉덩이를 겨누고 불처럼 뜨거운 액체를 마구 쏴 버려요.

찍!

뿌웅!

줄무늬스컹크가 꼬리를 번쩍 세우고 발을 쿵쿵 구르면, 어서 도망쳐야 해요! 꽁무니에서 썩은 냄새 나는 고약한 액체를 뿜어 적의 얼굴에 딱 맞혀 버려요.

텍사스뿔도마뱀은 눈 뒤에서 피를 뿜어내 적과 맞서 싸워요. 핏속에는 코요테와 붉은스라소니에게 해로운 독성 물질이 잔뜩 들어 있어요.

으악, 이런 일이!

오징어는 대부분 몸속에서 시커먼 먹물을 만들어요. 위험하다 싶으면 먹물에 끈적끈적한 콧물 같은 점액을 섞어서 바닷물에 뿜어 내지요. 적들이 혼란에 빠진 틈을 타, 오징어는 휘리릭 달아난답니다!

독수리는 죽은 동물의 썩은 살점을 실컷 먹어 배를 채워요. 위협을 받으면 배 속에 든 냄새 고약한 내용물을 확 토해 내요.

무기와 갑옷

동물의 세계는 아슬아슬한 전쟁터예요. 날카로운 발톱, 무시무시한 이빨, 뾰족한 침, 삐죽삐죽 가시로 가득하지요. 전투 무기를 달고 태어난 동물도 있고, 몸에 달린 갑옷 속으로 숨어 버리는 동물도 있답니다.

비밀 무기

이 동물들은 위험한 순간이 닥치면 그제야 숨겨 둔 무기를 꺼내 써요.

털개구리(일명 울버린개구리)는 누가 덤비면 자기 발가락뼈를 부러뜨려 발끝으로 내밀어요. 그러면 뼈가 살을 뚫고 나와 발톱이 되지요.

공작갯가재는 평소에 곤봉처럼 생긴 다리를 몸 아래 접어 두고 있어요. 그러다가 공격을 받으면 그 다리를 총알보다 빠르게 휘둘러 강력하게 내리치지요.

이베리아갈비도롱뇽은 갈비뼈를 옆으로 확 비틀어, 뼈가 피부를 뚫고 밖으로 튀어나오게 해요. 그러면 옆구리에 날카로운 가시들이 삐죽삐죽 솟아나거든요.

무기 빌려 쓰기

복서게는 집게발마다 따끔따끔 독침을 쏘는 말미잘을 하나씩 움켜쥐고 흔들어 포식자가 덤벼들지 못하게 겁을 줘요. 그래도 공격당하면, 독침을 쏘는 강력한 펀치를 날려 버린답니다.

갈색망토보라문어는 작은부레관해파리의 촉수에 있는 독이 전혀 안 통해요. 그래서 그 길쭉한 촉수를 몇 가닥 뜯어내 포식자와 먹잇감을 상대로 무기처럼 사용하지요.

작은부레관해파리

사슴의 뿔갈이

수사슴은 해마다 어김없이 뿔을 쑥쑥 기르다가 툭 떨어뜨려요.

봄

뿔이 돋아나기 시작해요. 뿔은 아직 말랑하고, 보송보송한 벨벳층으로 덮여 있지요. 이 층을 따라 신경과 혈관이 뿔까지 뻗어 들어간답니다.

여름

뿔이 다 자랐어요. 벨벳이 벗겨지고 뼈가 단단해져요.

가을

덩치 큰 수사슴들은 짝짓기 철이 되면 뿔을 맞부딪치며 힘겨루기를 해요. 이겨야만 암사슴과 짝이 된답니다.

겨울

뿔이 툭 떨어져 나가요.

치명적인 뿔투구

사슴뿔

사슴뿔은 경쟁자를 위협하거나 정면으로 맞부딪쳐 격렬하게 싸울 때 쓰여요.

- 뼈로 이루어져 있어요.
- 나뭇가지처럼 여러 갈래로 뻗어 있지요.
- 사슴, 말코손바닥사슴, 와피티사슴, 순록 머리에 달려 있어요.
- 수컷만 사슴뿔이 있어요. (순록은 암컷도 뿔이 있어요)

말코손바닥사슴은 세상에서 뿔이 가장 큰 동물이에요. 뿔 무게만 해도 30킬로그램이랍니다!

신기한 이빨

일각고래는 엄청나게 긴 엄니 때문에 '바다의 유니콘'으로 알려져 있어요. 그런데 사실 뿔이 아니라 이빨이에요. 이 신기한 이빨은 방어는 물론이고, 신경이 가득 들어 있어 감각을 느끼는 데도 쓰이지요. 일각고래 중에는 엄니가 두 개인 것도 있고 아예 없는 것도 있어요. 소용돌이 모양의 엄니는 3미터까지 자라지요.

변장과 속임수

흉내 내기

독이 있거나 맛없는 동물처럼 보이면, 배고픈 포식자들이 달려들 생각을 접고 슬금슬금 물러나요.

산호뱀은 치명적인 독사이지만, 그 모습을 흉내 낸 주홍왕뱀은 조금도 위험하지 않아요.

꽃등에는 말벌이나 꿀벌처럼 몸에 노란색과 검은색 줄무늬를 드러내지요.

무당벌레흉내거미는 긴 다리를 오므려 맛이 고약한 무당벌레처럼 보이게 한답니다.

숨바꼭질

교묘한 위장은 동물들이 주변 환경에 섞여 들게 해 줘요.

나무늘보는 어찌나 느리게 움직이는지 털에서 이끼가 자라지요. 초록빛 털옷을 걸치고 꿈쩍도 안 하니 독수리 눈에도 잘 띄지 않아요.

남방납작꼬리도마뱀붙이는 몸에 얼룩덜룩한 무늬 덕분에 열대우림의 이끼 낀 나뭇가지 위에 있으면 온데간데없이 사라진 것처럼 보이지요.

식물로 둔갑

식물처럼 보이면 포식자들이 거들떠보지도 않아요!

포투새는 나뭇가지 끝에 앉아 눈을 지그시 감고 꼼짝도 하지 않아서, 진짜 나뭇가지 같아요.

잎사귀로 위장하는 여치는 다리가 달린 잎사귀처럼 보여요. 누가 갉아먹은 듯한 자국까지 있어요.

피그미해마는 자신이 매달려 사는 산호와 똑 닮았지요. 1969년에 한 과학자가 산호 표본을 조사하다가 우연히 발견했답니다.

변장과 속임수는 스스로를 지킬 힘이 없는 동물들에게 최고의 방어 수단이에요. 무늬와 색깔, 모양 덕분에 어떤 동물들은 눈앞에 버젓이 있어도 감쪽같이 보이지 않아요. 또 먹잇감이 아닌 모습으로 변신도 해요.

> 으악, 이런 일이!
> 호랑나비 애벌레는 새똥의 모양, 색깔, 냄새까지 흉내 내서 포식자의 입맛을 뚝 떨어뜨린답니다!

변신

많은 동물은 몸 색깔을 바꾸는 능력이 있어요.

문어는 피부에 특별한 세포가 있어서 주변 환경에 맞춰 색을 바꿀 수 있지요.

북극 토끼는 여름에 입은 갈색 털옷을 겨울이면 하얀 털옷으로 갈아입어요. 그래야 눈 덮인 겨울 땅에 몸을 감출 수 있거든요.

회색가지나방 애벌레는 피부로 나뭇가지 색깔을 감지해, 몸을 똑같은 색으로 바꿔요.

변장

어떤 동물은 그 자리에서 옷을 뚝딱 만들어 입기도 해요.

장식게는 등에 난 갈고리 털에 해초, 해면, 말미잘을 덕지덕지 붙여서 바다 밑바닥 풍경에 섞여 버려요.

날도래애벌레는 실로 집을 만들어 작은 조개껍데기, 돌멩이, 나뭇조각으로 꾸며요. 그러면 어른벌레로 변할 때까지 숨어 지낼 수 있답니다.

속이기

어떤 동물은 자기보다 훨씬 덩치가 큰 동물인 척해서 포식자를 깜짝 놀라게 하지요.

올빼미나비는 날개에 눈 모양 무늬가 있어서 포식자가 진짜 올빼미 얼굴인 줄 착각해요.

흉내문어는 다리 여섯 개를 쏙 감추고, 나머지 두 다리를 길게 뻗어 줄무늬 바다뱀인 척하지요.

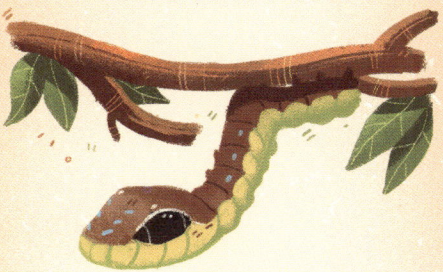

박각시나방 애벌레는 머리를 부풀리고 몸을 젖혀 배를 드러내요. 그러면 포식자 눈에 섬뜩한 살무사로 보인답니다.

탈출 대작전

기어오르기

나무와 바위를 잘 타는 동물들은 포식자가 감히 따라오지 못하는 곳까지 기어오를 수 있어요.

흰바위산양은 깎아지른 절벽을 가볍게 오르내리고, 바위 사이에 벌어진 큰 틈도 겁 없이 훌쩍 건너뛰어요. 비밀은 미끄럼 방지 패드가 달린 넓적한 발굽에 있지요. 천연 등산화가 따로 없답니다!

날아오르기

하늘은 곤충, 박쥐, 새들만 누비는 곳이 아니에요. 위험을 피하려고 하늘로 도망치는 동물도 있답니다.

제트 엔진처럼 물을 뿜어내는 살오징어는 물 밖으로 솟구쳐 30미터 넘게 미끄러지듯 날아가지요. 농구장 하나 길이만큼 멀리 날아간답니다.

연기하기

어떤 동물들은 포식자를 속이려고 기막힌 연기를 선보여요.

도망치기

가지뿔영양은 세상에서 빠르기로 손꼽히는 육상 동물이에요. 긴 거리를 오래 달릴 수 있고, 짧은 거리는 시속 96킬로미터까지 내달리지요.

긴 다리를 지닌 타조는 두 발 달린 동물 가운데 가장 빨라요. 포식자가 쫓아오면 시속 70킬로미터까지 속도를 낸답니다.

먹잇감이 되는 동물들은 살아남으려면 탈출 기술이 꼭 필요해요. 잡히지 않으려고 저마다 다양한 기술과 기발한 속임수를 쓴답니다.

징그러운 미끼

귀뚜라미, 불가사리, 문어 같은 동물들은 잡아먹히지 않으려고 자기 몸의 일부를 툭 떼어내요.

아프리카가시생쥐는 포식자에게 잡히면 피부가 스르르 벗겨져 쏙 빠져나와요. 피부는 금세 다시 자라나기 시작해요.

도마뱀은 대부분 공격을 받으면 자기 꼬리를 잘라 버려요. 잘린 꼬리가 꿈틀거려 포식자의 눈길을 붙잡는 사이 도마뱀은 달아나서 다시 꼬리를 기른답니다.

으악, 이런 일이!

물고기비늘도마뱀붙이는 포식자가 덮치면 피부를 홀러덩 벗어 던지고 도망쳐요. 말 그대로 피부를 벗어야 포식자 발톱에서 빠져나올 수 있거든요. 포식자의 발톱에는 허물만 한 움큼 남게 된답니다.

날도마뱀

날도마뱀의 날개는 길게 뻗은 갈비뼈 위에 알록달록한 피부가 쫙 펼쳐져 있어요. 날개 덕분에 이 조그만 날도마뱀은 열대우림 나무 사이를 미끄러지듯 날아다니지요.

굴러 떨어지기

베네수엘라자갈두꺼비는 바위에서 곤충을 잡아먹고 살아요. 그러다 포식자와 마주치면 몸을 굳히고 굴러떨어져요. 자갈처럼 데굴데굴 구르면서 바위에 툭툭 부딪히며 튕기듯 내려간답니다.

버지니아주머니쥐

버지니아주머니쥐는 위협을 느끼면 죽은 척하지요. 혀는 축 늘어뜨리고 눈은 멍하니 뜬 채 꼼짝도 안 해요. 심지어 썩은 고기 같은 냄새까지 풍겨서 포식자를 물러나게 한답니다.

무당개구리

무당개구리는 벌러덩 배를 뒤집고 죽은 척해요. 그러면 빨갛거나 주황빛 바탕에 까만 무늬가 드러나지요. 이건 무당개구리가 죽은 척해도 달려드는 동물에게 '나 독 있어!' 하고 보내는 경고 신호예요.

꼭꼭 숨어라, 집으로!

포식자의 단골 메뉴가 되는 동물들은 몸을 숨길 안전한 장소가 꼭 필요해요.

북극의 아늑한 동물집

북극고래무늬물범은 얼음을 녹여서 그 속에 아늑한 동물집을 만들어요.

동굴로 들어가려면 두꺼운 바다 얼음 밑을 헤엄쳐 가야만 하지요. 물범은 이 동굴에서 새끼를 낳아요. 배고픈 북극곰이 들이닥칠 걱정이 없거든요.

땅파기 고수

아프리카 초원에서는 몸을 숨길 데가 거의 없어요. 다행히 땅돼지는 세상에서 으뜸가는 땅파기 고수예요. 삽처럼 생긴 튼튼한 발톱으로 땅을 후다닥 파서 위험에서 벗어나지요.

단 10분이면 굴속으로 쏙 들어가 몸을 완전히 감출 수 있답니다.

뛰어난 건축가

비버는 건축의 달인이에요. 강을 가로질러 댐을 쌓아 깊은 웅덩이를 만들고, 그 한가운데에 포식자가 얼씬도 못하는 집을 지어요.

이 보금자리에는 적이 들어올 수 없는 물속 비밀 문이 있고, 양쪽에 비상 통로가 있지요. 또 물 위에는 새끼 비버들이 따뜻하고 뽀송뽀송하게 지낼 넉넉한 공간이 있답니다.

독이 가득한 집

말미잘은 얼핏 보면 식물 같지만, 사실은 포식 동물이에요. 독침이 있는 기다란 촉수를 뻗어, 지나가는 먹이를 기절 마비시키고 낚아채 버려요.

흰동가리는 미끌미끌한 점액이 온몸을 덮고 있어, 말미잘이 독침을 쏴도 끄떡없지요. 그래서 말미잘을 촉수 사이를 보금자리로 삼고 안전하게 지낸답니다.

땅속 마을

북아메리카의 탁 트인 초원에는 프레리도그는 땅속에 굴을 파고 서로 이어, 수천 마리가 함께 사는 땅속 마을을 만들어요. 모두 힘을 합쳐 적이 마을에 들어오지 못하게 막아 내요.

마을 보는 프레리도그는 뒷다리로 꼿꼿이 서서 주위를 살펴요. 위험을 감지하면 개 짖는 소리처럼 짖어서 다른 무리가 굴로 재빨리 숨게 해요.

굴 입구에 소리를 듣는 프레리도그는 가를 종긋 세우고 땅 위에서 무슨 일이 벌어지는지 듣지요. 그런 다음, 굴속 깊은 곳에 있는 프레리도그에게 그 소식을 전한답니다.

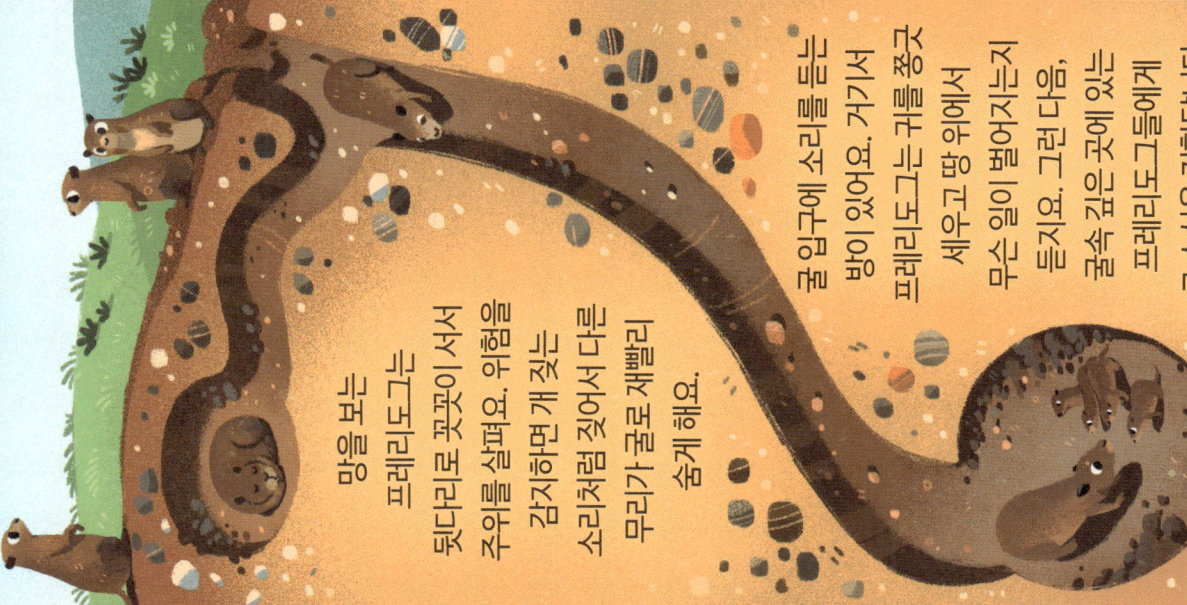

움직이는 집

소라게는 자기 껍데기를 스스로 만들기를 못해요. 대신에 다른 동물의 빈 껍데기를 집으로 삼아, 말랑말랑한 꼬리를 숨기지요.

코코넛문어는 코코넛 껍질 반쪽을 주워다가 이리저리 끌고 대녀요. 위험하다 싶으면 껍질 안으로 들어가 반쪽 두 개를 맞물려 꽉 닫아버리지요.

으~, 이런 일이!

앰부시벌레는 똥으로 껍데기를 만들어, 그 안에 앉으로 보호해요. 껍데기는 머리만 더듬이를 내밀고, 애벌레는 시방에 구멍을 뚫어 머리만 더듬이를 내밀고, 어른벌레가 될 때까지 움직임도 몸속에 담고 다닌답니다.

동물의 집

41

식물의 방어 무기

식물은 수십만 종의 동물에게 중요한 먹이에요. 하지만 땅에 뿌리를 단단히 내리고 있어서 숨거나 달아날 수 없지요. 그래서 자신을 지키려고 온갖 기발한 방법을 만들어 낸답니다.

식물만 먹는 동물을 초식 동물이라고 해요. 딱정벌레나 메뚜기 같은 작은 곤충부터 코뿔소, 코끼리, 말코손바닥사슴 같은 몸집이 어마어마한 동물까지 모두 초식 동물이지요. 씨앗, 잎, 줄기, 꽃, 열매까지 식물의 모든 부분을 가리지 않고 먹는답니다.

땅 위에서 풀을 뜯어 먹는 초식 동물뿐 아니라 땅속에도 먹성 좋은 온갖 애벌레들이 가득해요. 이 애벌레들은 여린 뿌리를 갉아 먹고 수분 많은 알뿌리도 씹어 먹지요.

식물은 굶주린 곤충 군단의 습격에 늘 대비해야 해요. 지구에는 무려 1,000경 (10,000,000,000,000,000,000) 마리에 이르는 곤충이 살고 있대요. 그중 절반이 초식 곤충이랍니다!

알고 있나요?

메뚜기는 하루에 자기 몸무게만큼의 풀을 먹어 치워요. 게다가 수십억 마리가 한꺼번에 모여 떼를 이루면 놀랍게도 그 폭이 수백 킬로미터에 이른답니다!

식물의 갑옷

식물의 줄기와 잎을 겉옷처럼 감싸는 바깥 부분은 좋은 물질은 지켜 주고 나쁜 물질은 못 들어오게 막는 장벽이에요. 우리의 피부가 하는 일과 닮았어요.

어떤 식물은 잎이 반질반질한 막으로 덮여 있어 세균이 침입하지 못해요. 곤충이 달라붙기도 힘들지요. 맛은 또 어떻고요. 얼마나 형편없는지, 크레파스를 씹는 것 같다니까요!

두툼한 나무껍질은 죽은 세포들이 켜켜이 쌓여 만들어진 거예요. 세균이 못 들어오게 막는 튼튼한 장벽이 되어 주지요. 게다가 워낙 질겨서 초식 동물들도 씹어 먹기 힘들답니다.

부드러운 줄 알았지?

따끔따끔 찌르는 줄기가시, 잎가시, 가시털은 눈에 잘 띄어서, 덩치 큰 동물들이 함부로 뜯어 먹지 못해요. 많은 식물은 아주 작은 털로 덮여 있지요. 우리 눈에는 부드럽고 해롭지 않아 보이지만, 정작 작은 곤충들에게는 어마어마한 골칫거리랍니다.

식물 털은 사실 바늘처럼 뾰족한 것도 있고 갈고리, 거꾸로 솟은 가시, 뻣뻣한 털로 뒤덮인 것도 있어서 곤충을 잡아 두거나 다치게 해요.

잎에 털이 수북하면, 애벌레가 속살까지 파먹고 들어가는 데 시간이 훨씬 오래 걸리지요. 어떤 털은 돌처럼 단단해서 애벌레 이빨을 뭉툭하게 만들어 버린답니다!

오싹한 비밀

파인애플을 먹고 나서 입안이 얼얼하고 따끔거린 적 있나요? 그건 과육 속에 라파이드(옥살산칼슘)이라는, 바늘 모양의 날카로운 결정체가 수백 만개 있기 때문이에요. 이 조그만 비밀 무기는 시금치, 대황(루바브), 키위에도 들어 있지요.

영리한 생존 꼼수

동물과 식물은 먹으려는 쪽과 먹히지 않으려는 쪽이 늘 팽팽한 줄다리기를 벌여요. 어떤 식물들은 초식동물에게서 아이디어를 얻어 엉큼한 방어술을 만들어 냈지요.

진짜 대 가짜

주변에 있는 식물이나 환경과 비슷하게 만들어 자기 몸을 지키는 식물도 있어요.

알아맞혀 보세요!

1 어느 쪽이 위장술일까요?

폐장초 잎에 난 하얀 반점은 꼭 새똥처럼 보여요. 덩치 큰 초식 동물들은 똥에 병균이 있을까 봐 잎을 뜯어 먹지 않고 슬쩍 피한답니다.

2 어느 쪽이 위장술일까요?

이 줄기에는 얼룩덜룩한 까만 점들이 있는데, 얼핏 보면 진딧물 같아요. 진딧물은 식물의 즙을 쪽쪽 빨아 먹는 작은 벌레지요. 그런데 사실 이건 전부 가짜예요! 다른 곤충들은 이미 진딧물이 바글바글하다고 착각해 식물에 내려앉지 않는답니다.

3 어느 쪽이 위장술일까요?

이 꼬투리에는 애벌레처럼 보이는 무늬가 있어요. 무늬 덕분에 초식 동물들이 선뜻 다가오지 못하고 오히려 새들이 날아와 식물에 달라붙은 진짜 애벌레를 먹어 치워요.

4 어느 쪽이 위장술일까요?

시계꽃 덩굴 잎사귀에는 작고 노란 점들이 콕콕 박혀 있어 나비알처럼 보여요. 헷갈린 암컷 나비들은 나중에 가짜 알에서 애벌레가 태어나 자기 새끼들과 경쟁할까 봐 다른 곳에 가서 알을 낳지요.

정답: 1번 A, 2번 A, 3번 A, 4번 B.

행동 개시!

미모사는 감각이 매우 뛰어난 식물이에요. 곤충이 잎에 살짝 앉기만 해도 곧바로 잎이 오므라들지요. 그 바람에 곤충이 잎을 갉아 먹기 힘들어져요. 또 줄기를 축 늘어뜨려 죽은 것처럼 속이기도 한답니다.

식물을 지켜라!

어떤 식물은 개미를 집으로 불러들여 자신의 보디가드로 삼아요. 개미는 물고 쏘기도 해서 웬만한 동물들이 가까이하지 않거든요. 개미는 식물을 지켜 주는 대가로 보금자리와 먹을 것을 얻는답니다.

아프리카에 사는 휘파람가시 아카시아나무는 방어 무기가 두 가지 있어요. 둥근 혹에서 가시가 쑥쑥 돋아나고 속은 텅 비어 개미들이 살기에 안성맞춤이에요. 초식 동물들이 가시를 무릅쓰고 풀을 뜯으려 하면, 순식간에 성난 개미들의 습격을 받게 된답니다.

식물의 반격!

어떤 식물은 벌레에게 먹히기는커녕, 벌레를 먹기도 해요! 세상에는 벌레를 잡아먹는 식물이 약 600종이 있어요. 이 식물들은 소화액과 산성 액체로 벌레의 살을 사르르 녹여 버리지요.

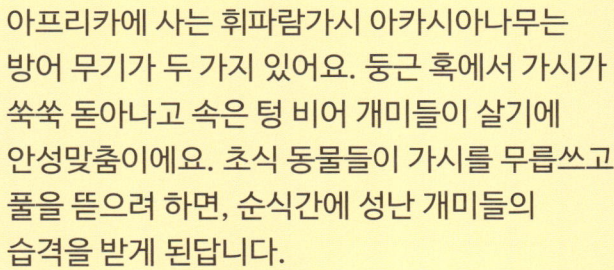

벌레잡이통풀은 깊은 통 속에 풍덩 빠져 버린 불쌍한 개구리를 소화해 버려요. 한편 파리지옥은 벌레가 아무 의심 없이 잎사귀 끝에 내려앉는 순간, 잎 모양의 턱을 '꽝!' 닫아 단번에 가둬 버리지요.

초강력 식물들

어떤 식물들은 따끔거리게 하거나 지독한 냄새를 풍기는 화학 물질, 또는 목숨까지 앗아가는 치명적인 독으로 강력한 힘을 발휘한답니다!

커피, 차, 코코아에 들어 있는 카페인은 아침에 사람들을 깨우고 기운 나게 해 줘요. 하지만 카페인은 애초에 사람들을 즐겁게 하려고 생겨난 게 아니에요. 커피나무가 씨앗인 커피콩을 벌레에게 먹히지 않으려고 스스로 카페인을 만드는 거랍니다.

카페인은 커피콩에 쓴맛을 더할 뿐 아니라 콩을 먹으려는 벌레를 마비시키거나 죽이기도 해요.

고추에는 캡사이신이 잔뜩 들어 있어, 많은 동물이 그 매운맛을 싫어해요. 그런데 잉꼬 같은 새들은 혀에 '미뢰'가 별로 없어서 매운맛을 잘 느끼지 못해요. 그래서 다른 동물과 달리, 고추 씨앗을 먹을 수 있지요. 그 씨앗이 똥에 섞여 나와 여기저기 퍼지면서 새 고추가 자란답니다.

으악, 맛없어!

마늘, 라벤더, 박하, 세이지의 강렬한 향과 맛은 우리의 코와 입을 즐겁게 하지만, 초식 동물에게는 고약한 악취 폭탄이지요. 냄새가 이렇게 소리치는 것 같아요. "가까이 오지 마! 나 지독하게 맛없거든!"

고추는 어떤 새들에게 면역력을 높여 주고 통증도 덜어 준답니다!

질병을 막아라

어떤 식물들은 세균과 곰팡이와 맞서 싸우는 화학 물질을 만들어 내요. 요즘은 사람들이 이런 물질을 세균 잡는 무기로 쓰고 있지요.

티트리 오일은 티트리 나무에서 얻어요. 여드름, 가벼운 상처, 곰팡이 감염을 치료하는 데 쓰여요.

위치하젤은 여드름 약에도 들어 있고, 목이 아프거나 입술에 물집이 생겼을 때도 낫게 도와준답니다.

말린 유칼립투스 잎은 세포를 보호하는 항산화물질이 들어 있어, 차로 끓여 마시기도 하지요.

만지면 안 돼!

어떤 식물에는 여러 화학물질이 섞여 있어서, 만지면 아프고 퉁퉁 붓고 먹기라도 하면 목숨까지 잃을 수 있어요.

덩굴옻나무에는 '우루시올'이라는 화학 물질이 있어요. 이 물질이 피부에 닿으면 붉은 발진, 가려움, 물집이 생기고 심하면 숨쉬기조차 힘들어진답니다!

쐐기풀은 온통 작고 뾰족한 털로 덮여 있어요. 이 털은 끝이 쉽게 부러져 날카로운 바늘처럼 피부를 콕 찌르지요. 그 틈으로 화학 물질을 발사해 피부가 따끔거리고 발진이 생긴답니다.

보이지 않는 경보!

식물은 초식동물에게 공격받을 때 공기 중으로 화학 신호를 뿜어내요.

이런 신호들은 동네 방범대처럼 이웃을 지켜 주는 역할을 해요. 식물이 갉아 먹힐 때, 경보를 울려 주변 식물에 위험을 알려요. 그러면 이웃 식물들은 방어력을 한껏 끌어올려 위험에 단단히 대비한답니다.

어떤 신호는 보디가드를 불러들여요. 토마토와 양배추가 애벌레 떼에게 습격당하면 화학 신호를 내뿜지요. 그러면 특정 기생말벌이 신호를 감지하고 날아와 애벌레 몸속에 알을 낳는답니다.

알이 부화하면 말벌 유충은 애벌레를 속에서부터 와작와작 먹어 치워요. 식물은 해충을 없애고, 말벌은 가정을 꾸릴 보금자리를 얻는 셈이지요.

찾아보기

ㄱ
가시 *32-33, 43*
감각 *26*
감염 *24*
갑옷 *4-5, 8-9, 24, 28, 32-33, 43*
경찰 방탄복 *9*
고대 그리스 *8*
고르간 방벽 *13*
구토/토사물 *19, 30*
굴 *40-41*
귀 *4, 27, 29*
금고 *11*
기침 *18-20*
껍질/껍데기 *4, 41*

ㄴ
날아오르기 *38*
내리닫이 창살문 *7*
눈 *4, 20, 24, 26, 29, 36*

ㄷ
도개교 *7*
도망치기 *5, 38*
독(동물의 독) *31-32*
독/독성 *31, 46*
동굴 *40*
동물 *4-5, 28-41, 42-46*
동심 성 *6-7*

ㄹ
라이너스 에일 *10*
로마 *8, 10, 12*

ㅁ
마이크로바이옴 *21*
먹힐 수도 있는 동물 *29, 39*
메헤랑가르 요새 *13*
면역 체계 *21, 23*
모트앤베일리 성 *6*

ㅂ
바이킹 *8*
방패 *8*
백신 *17*
벽 *12*
병 *16-21*
병균 *16, 18-20, 22-25*
비밀번호 *11*
뼈 *4, 25, 34-35*
뿔 *35*

ㅅ
사슴 *34*
사슴뿔 *34*
삭사이와만 성벽 *13*
성 *6-7, 10*
성가퀴 *7*
성벽 *7, 12-13*
세포 *22-23, 25, 37*
스마트 시대 *11*
시각 *26*
식물 *4-5, 16, 36, 41-47*
신경 *16, 26-27, 34*

ㅇ
암사자 *28*
약 *16-17, 20*
열 *19, 23*
열쇠 *10-11*
염증 *19*
영양 *29, 35*
예리코 성벽 *12*
우리 몸 *16-27*
위산 *19*
위장 *36-37*
은행 금고 *11*
이빨 *4, 28, 33-34, 43*
입 *8, 16, 20, 33*

ㅈ
자물쇠 *10-11*
자연재해 *5, 14-15*
재채기 *18-20, 24*
재해 *14-15*
제레미아 처브 *11*
주탑 *6-7*
중국의 만리장성 *12-13*
진통제 *16*
질병 *46*
집 *5, 10, 15, 20, 40-41, 45*

ㅊ
청각 *27*
초식 동물 *42-43, 45*
촉각 *27*
최상위 포식자 *28*
침/독침 *28, 30-32, 41*

ㅋ
코 *8, 19-20, 24, 27*

ㅍ
포식자 *28, 32, 35-41*
피 *19, 22-23, 25, 30*
피부 *19, 25, 27, 32, 37, 39, 43*

ㅎ
하드리아누스 방벽 *12*
항생제 *17*
해자 *6*
후각 *27*